1969 Unser Jahrgang

KINDHEIT
IN DER DDR

Unser Jahrgang 1969

BILD
UND
HEIMAT

Einleitung 1969

Über alle Grenzen hinaus

Unser Geburtsjahr 1969 liegt unfassbare fünf Jahrzehnte zurück. Grund genug, die Gläser klingen zu lassen, aber auch um auf Erlebtes zurückzublicken und innezuhalten. Was hat die Welt seit 1969 bewegt und was ist aus uns geworden? Der Zweite Weltkrieg liegt mehr als 20 Jahre zurück, seit acht Jahren trennt eine Mauer die DDR von der BRD. Unsere Eltern waren Zeugen der Teilung und haben miterlebt, wie sich zwei Staaten mit unterschiedlichen Werten bilden, die einander voller Misstrauen und Ablehnung gegenüberstehen. Die DDR hat sich vom Westen abgeschirmt und ist immer erfolgreicher bei der Erlangung internationaler Anerkennung.

Für uns ist die DDR in erster Linie unsere Heimat. Unsere Eltern haben sich in den gesellschaftlichen Verhältnissen eingerichtet und tun alles dafür, um uns ein schönes Zuhause ohne Entbehrungen und Sorgen aufzubauen. Wir wachsen, innerhalb unserer Systemgrenzen, zu glücklichen Menschen heran. Wir fühlen uns sicher in unserem Land, politische Ideologien spielen für uns noch keine Rolle. Wir besuchen die Krippe, den Kindergarten und die Schule. Wir schließen Freundschaften und verlieben uns das erste Mal. Aus uns werden eigenständige Persönlichkeiten und Zeugen bedeutender politischer und gesellschaftlicher Ereignisse.

Wir blicken auf bewegte Jahrzehnte zurück. Stolz können wir darauf sein. Es ist an der Zeit, sich an Vergangenes zu erinnern, an gute wie auch an schlechte Zeiten. Wir haben schließlich einiges erreicht!

Weltgeschehen
1969

Wichtige Ereignisse 1969

1969 feiern beide deutsche Staaten ihr 20-jähriges Bestehen. Zwar werden auch in unserem Geburtsjahr weltweit Konflikte ausgetragen und Entscheidungen getroffen, die das politische Klima der Folgejahre beeinflussen werden, doch kommt es auch vielerorts zu Annäherungen. Einige Veränderungen werden Einfluss auf unsere Zukunft, ja vielleicht sogar auf unseren Alltag nehmen, andere werden für uns und unsere Eltern kaum spürbar sein. Ein Überblick der wichtigsten Ereignisse unseres Geburtsjahres:

01.01.
Baubeginn von Beton-Wachtürmen an der innerdeutschen Grenze

08.05.
Kambodscha nimmt als erstes nichtkommunistisches Land diplomatische Beziehungen zur DDR auf.

21.07.
Der US-Amerikaner Neil Armstrong betritt als erster Mensch den Mond und gewinnt damit das Wettrennen gegen die UdSSR.

07.10.
Der Fernsehturm am Berliner Alexanderplatz, der bereits am 3. Oktober seinen Sendebetrieb aufgenommen hat, wird für Besucher eröffnet.

28.10.
Bundeskanzler Willy Brandt erklärt seine Bereitschaft zur Anerkennung der Deutschen Demokratischen Republik als zweiten deutschen Staat neben der BRD.

Politik
1969

Unser Geburtsjahr ist ein Jahr des Aufbruchs – nicht nur in ein neues Raumfahrtzeitalter, sondern auch in bisher unbekannte politische Gefilde.

Vereidigung Willy Brandts zum Bundeskanzler durch den Präsidenten des Bundestags Kai-Uwe von Hassel am 21. Oktober 1969 in Bonn

1969 werden die Weichen für folgenschwere Veränderungen in der deutsch-deutschen Politik gestellt.

Während in der BRD mit Willy Brandt erstmals ein Sozialdemokrat an die Regierungsspitze gewählt wird, schöpft auch die DDR wieder Hoffnung, wenn es um internationale Anerkennung geht. So steht Neukanzler Brandt doch für »Mehr Demokratie wagen« und beabsichtigt mit einem »Wandel durch Annäherung« das Verhältnis zwischen den beiden Staaten zu entkrampfen. Wo bislang diplomatische Beziehungen zum Osten Deutschlands als »unfreundlicher Akt« gesehen wurden, gibt es nun einen Kanzler, der bereit ist, die DDR in ihrer Existenz als zweiten deutschen Staat zu akzeptieren. Brandt hebt mit dem Anstreben

gleichberechtigter Verhandlungen die nachbarlichen Verbindungen auf eine völkerrechtlich annehmbare Ebene. Auch Walter Ulbricht schlägt Bundespräsident Gustav Heinemann in einem Brief die Aufnahme gleichberechtigter Beziehungen vor.

Kaum ein westdeutscher Politiker hatte zur Staatsgründung der DDR an eine dauerhafte Spaltung Deutschlands geglaubt. Nun, 20 Jahre später, hat sich die DDR als wirtschaftlich stabile Nation etabliert, die auch von der westlichen Staatengemeinschaft ernst genommen werden muss. Mit dem diplomatischen Brückenschlag zu Kambodscha als erstem nichtkommunistischen Land ist die künftige Entwicklung zur internationalen Anerkennung der DDR bestimmt. Ihm folgen noch im selben Jahr die Vereinigte Arabische Republik (Ägypten und Syrien), Sudan, Irak und Jemen.

Während in Deutschland Sozialdemokratie und Sozialismus vorherrschen, wird in diesem Jahr in den Vereinigten Staaten mit Richard Nixon wieder ein Republikaner Präsident, und auch Frankreich wählt mit Georges Pompidou einen Konservativen zum Präsidenten.

Atomwaffen? Nein danke!

In Sachen Atomkraft sind sich die DDR und die BRD einig und unterzeichnen nacheinander im selben Jahr den Atomwaffensperrvertrag. Dieser Vertrag über die Nichtverbreitung von Kernwaffen ist von den USA, Frankreich, China, Großbritannien und der UdSSR initiiert worden und tritt am 5. März 1970 in Kraft.

Walter Ulbricht, der Vorsitzende des Staatsrats der DDR, beim Unterzeichnen des Atomwaffensperrvertrags am 29. September 1969

Chronologischer
Überblick
1969

Ereignisse in der DDR
1969

Die DDR feiert ihren 20. Geburtstag. Den Menschen geht es gut und uns Kindern soll es an nichts fehlen. Zusammen mit unseren Eltern baut der Staat einen Sockel aus Struktur, Arbeit und Frieden. Und die wirtschaftlichen Entwicklungen stärken unser Selbstbewusstsein als Nation. Der Sozialismus ist auf dem Vormarsch. Unsere Eltern blicken voller Zuversicht in die Zukunft und sind glücklich darüber, uns in einem modernen Staat aufwachsen zu sehen. Sie werden Zeugen wichtiger Veränderungen und Ereignisse.

JANUAR

22./23.01.
»Schrittmacherkonferenz« zur Erhöhung der Arbeitsproduktivität in der DDR

FEBRUAR

14.02.
Beschluss des Präsidiums des FDGB über »Maßnahmen zur Förderung der Volkskunstbewegung durch die Gewerkschaft«

21.02.
Brief von Walter Ulbricht an Willy Brandt, in dem er bei Verlegung der Bundesversammlung aus Westberlin für die Westberliner zu Ostern Besuche in Ostberlin anbietet. Brandt lehnt den Vorschlag ab.

MÄRZ

17.03.
»Budapester Appell« der Staaten des Warschauer Pakts zur Einberufung einer Konferenz über Sicherheit und Zusammenarbeit in Europa (OSZE)

APRIL

03.04.
Der Staatsrat der DDR beschließt die Weiterführung der III. Hochschulreform und die Entwicklung des Hochschulwesens bis 1975.

08.04.
Leistungssportbeschluss der SED, bestimmte Olympische Sportarten stärker zu fördern

19./20.04.
Auf einer Tagung in Leipzig wird der Philatelistenverband der DDR gegründet.

28./29.04.
10. Tagung des ZK der SED: Beratung über Grundfragen des geistigen Lebens im Sozialismus, Forderung nach Ausbau der Operationsforschung und Prognostik, Beschluss zur Vorbereitung des 100. Geburtstags von **Lenin**

MAI

22./23.05.
Industriezweigkonferenzen des ZK der SED und des Ministerrats

28.–30.05.
VI. Deutscher Schriftstellerkongress in Ostberlin: Wiederwahl von Anna Seghers als Präsidentin, Annahme eines neuen Statuts gemäß dem »entwickelten gesellschaftlichen System des Sozialismus«

JUNI

05.–17.06.
Internationale Beratung der kommunistischen und Arbeiterparteien in Moskau, Teilnahme einer Delegation des ZK der SED unter Ulbricht

10.06.
Der Bund der Evangelischen Kirchen in der DDR (BEK) wird gegründet.

11.–13.06.
2. Frauenkongress der DDR in Berlin

JULI

29./30.07.
11. Tagung des ZK der SED: Beschluss, die wissenschaftliche und ökonomische Zusammenarbeit der DDR mit der UdSSR zu vertiefen

AUGUST

27.08.
Beschluss über die Erhöhung des Kindergelds

SEPTEMBER

30.09.
Eröffnung der Akademie der marxistisch-leninistischen Organisationswissenschaft zur Aus- und Weiterbildung von Funktionären in Berlin

OKTOBER

03.10.
Mit der Aufnahme des Sendebetriebs des Berliner Fernsehturms startet auch das 2. Fernsehprogramm der DDR sein Programm.

7.10.
Mit Festveranstaltungen und Militärparaden feiert die DDR ihren **20. Jahrestag**. Am Rande der Feierlichkeiten führt das Gerücht, auf dem Dach des Axel-Springer-Hochhauses würden die Rolling Stones spielen, zu schweren Jugendkrawallen.

NOVEMBER

28.11.
Abkommen über gegenseitigen visafreien Reiseverkehr zwischen der DDR und UdSSR

DEZEMBER

17.12.
Die DDR unterbreitet Vorschläge zur Normalisierung der Beziehungen mit der Bundesrepublik auf der Grundlage der »friedlichen Koexistenz«. Walter Ulbricht schlägt am 18. Dezember in einem Brief an Bundespräsident Gustav Heinemann die Aufnahme gleichberechtigter Beziehungen zwischen der DDR und der BRD vor.

Weltgeschehen 1969

Unser Geburtsjahr steht ganz im Zeichen der Raumfahrt. Überall auf der Welt verfolgen die Menschen an ihren Bildschirmen die erste Mondlandung – allein in Deutschland sind es zehn Millionen. Die politische Stimmung in der Bevölkerung – egal ob in Deutschland oder andernorts – hat sich hingegen ein wenig beruhigt. Zwar wirkt die 68er-Bewegung mit ihren Studentenunruhen und Massenkundgebungen noch nach, doch sind in unserem Geburtsjahr viele Rufe bereits verhallt. Dennoch hat sie unserer ganzen Generation einen Namen gegeben und steht noch heute für Protest und ein ganz besonderes Lebensgefühl, in dem Autoritäten und Regeln in Frage gestellt, die NS-Vergangenheit nicht mehr tabuisiert und Sex offener diskutiert und gelebt werden.

JANUAR

16.01.
Aus Protest gegen die Niederschlagung des Prager Frühlings zündet sich der Student Jan Palach auf dem Prager Wenzelsplatz selbst an. Er erliegt drei Tage später seinen Verbrennungen.

Mit der Zusammenkopplung der beiden sowjetischen bemannten Raumsonden »Sojus 4« und »Sojus 5« entsteht die erste experimentelle Raumstation im All. Erstmals steigen Kosmonauten von einem Raumschiff in ein anderes.

20.01.
Der Republikaner Richard Nixon wird 37. Präsident der USA.

Bei einem Überfall auf ein Munitionsdepot der Bundeswehr in Lebach werden vier Wachsoldaten ermordet.

Ellinor von Puttkamer wird erste weibliche Diplomatin in der Geschichte der BRD.

FEBRUAR

03.02. Jassir Arafat wird zum Vorsitzenden der Palästinensischen Befreiungsorganisation (PLO) gewählt.

05.02.
Bundespräsident Heinrich Lübke tritt seine vierte Afrikareise an – die letzte Auslandsreise seiner Amtszeit.

09.02.
Das neue Großraumflugzeug vom Typ Boeing 747 (»Jumbo-Jet«) startet in den USA zu seinem Jungfernflug.

MÄRZ

02.03. Erstflug eines Prototyps des Überschall-Verkehrsflugzeuges **Concorde**

02.03.–11.09.
Zwischenfall von Ussuri – Grenzkonflikt zwischen Sowjetunion und China am Fluss Ussuri

05.03.
Die Bundesversammlung tritt in Westberlin zusammen und wählt Gustav Heinemann zum Bundespräsidenten.

20.03. John Lennon und **Yoko Ono** heiraten in Gibraltar.

APRIL

28.04.
Charles de Gaulle tritt vom Amt des Staatspräsidenten zurück.

MAI

25.05.
Der Norweger Thor Heyerdahl startet mit seinem Papyrusboot *Ra* von Marokko aus zur Überquerung des Atlantiks. Am 20. Juli muss er seine Expedition abbrechen.

JUNI

15.06.
Georges Pompidou wird neuer Staatspräsident Frankreichs.

28.06.
Stonewall-Unruhen in der New Yorker Christopher Street. Erstmals widersetzt sich eine Gruppe Homosexueller der Verhaftung – ein Wendepunkt im Kampf für Gleichbehandlung, der jedes Jahr weltweit mit dem **Christopher Street Day** gefeiert wird

JULI

14.–18.07.
Fußballkrieg zwischen Honduras und El Salvador

20.07.
Erste bemannte Mondlandung von Apollo 11. **Neil Armstrong** betritt als erster Mensch den Mond.

22.07.
General Franco bestimmt Juan Carlos zu seinem Nachfolger an der Spitze Spaniens. Das spanische Parlament verleiht dem Auserkorenen den Titel Prinz von Spanien.

AUGUST

09.08.
Die schwangere Schauspielerin Sharon Tate, vier ihrer Freunde sowie eine weitere Person werden in Tates Haus in Los Angeles von Mitgliedern der Manson Family ermordet.
Weitere Morde – unter anderem am 10. August an dem Ehepaar Leno und Rosemary LaBianca – folgen. Charles Manson und seine Anhänger werden zunächst zum Tode verurteilt.
Mit Abschaffung der Todesstrafe in Kalifornien 1972 werden alle Urteile in lebenslang umgewandelt.

12.08.
Schlacht der Bogside in Nordirland: Unruhen durch Katholiken eskalieren, als Protestanten den katholischen Stadtteil Bogside stürmen. Die Polizei lässt machtlos die Straßenschlachten zu. 8 Menschen sterben, 750 werden verletzt und mehr als 1500 katholische Familien aus ihren Häusern vertrieben.

SEPTEMBER

01.09.
Inkrafttreten des 1. Strafrechtsänderungsgesetzes in der BRD: Paragraf 175 bewirkt, dass gleichgeschlechtliche Sexualkontakte unter Männern nicht mehr strafbar sind.

02.09.
79-jährig stirbt in Hanoi **Ho Chi Minh** an Herzversagen. Die kommunistische Führung legt das Todesdatum auf den 3. September, um den vietnamesischen Unabhängigkeitstag nicht zu überschatten.

28.09.
Bundestagswahl, wonach sich in der Bundesrepublik erstmals eine sozial-liberale Koalition konstituiert

OKTOBER

15.10.
250 000 Menschen protestieren in Washington gegen den **Vietnamkrieg**.

21.10.
Willy Brandt wird zum Bundeskanzler der Bundesrepublik Deutschland gewählt.

NOVEMBER

08.11.
Der erste deutsche Satellit namens Azur startet in die Erdumlaufbahn.

19.11.
Die Apollo 12 landet auf dem Mond, Pete Conrad betritt nach Neil Armstrong und Buzz Aldrin als dritter Mensch den Mond.

Gesellschaft
1969

20 Jahre nach Gründung der DDR hat der Wohlstand Einzug in die Haushalte gehalten. Die Wirtschaft wächst und die Industrieproduktion steigt stetig. Seit 1960 steigert sich das Bruttosozialprodukt jährlich um knapp fünf Prozent. Der Lebensstandard unserer Eltern verbessert sich, sie können alles kaufen, was sie als junge Familie zum Leben brauchen. Auch moderne Schrankwände, Fernseher und Regalsysteme schmücken immer mehr Wohnungen. Wer Glück hat, ergattert eine der heißbegehrten Neubauwohnungen, die Ende der 1960er Jahre jedoch noch knapp sind.

Berliner Wohnzimmer mit Fernsehgerät im Jahr 1964

Auch die Renten und Löhne werden üppiger. Ein DDR-Bürger verdient in unserem Geburtsjahr durchschnittlich rund 600 Mark bei einer Fünf-Tage-Woche, die 1967 einheitlich eingeführt wurde. Der Ostermontag, der 8. Mai – »Tag der Befreiung« –, Himmelfahrt und der Bußtag wurden jedoch gleichzeitig als gesetzliche Feiertage abgeschafft, außerdem müssen Karfreitag und Pfingstmontag an den folgenden Samstagen als Arbeitstage nachgeholt werden.

Der 1. Mai ist der wichtigste Feiertag im Jahr. Obwohl unsere Eltern nicht arbeiten müssen, finden sie sich zusammen mit ihren Kollegen in den Betrieben ein, um gemeinsam zu marschieren und Fahnen zu schwenken.

Alltag
1969

Unsere Eltern gehen in HO-Läden einkaufen. Auch wenn es nicht immer alles zu kaufen gibt, was ihr Herz begehrt, bleiben die Preise bei vielen Waren über Jahre stabil. Häufig werden nur die abgepackten Mengen verändert. Für runde Preise werden unrunde Produktmengen in Kauf genommen. Die Preise für Grundnahrungsmittel, Mieten, Energie, Fahrkarten und Zeitungen können durch die staatliche Subventionierung über Jahrzehnte für alle niedrig gehalten werden. »Luxusartikel« wie Fernseher und Waschmaschinen sind hingegen kaum erschwinglich.

Exklusivere Artikel können ab 1962 in Exquisit- und ab 1966 in Delikat-Läden erstanden werden. Man leistet sich dort ausgewählte Kleidung bzw. besondere Delikatessen. Die Auswahl ist groß und es gibt sogar Importe, aber die Preise sind hoch. Eine Tafel West-Schokolade kostet 7 Mark, eine Dose Pfirsiche 7,50 und die Flasche Whiskey stolze 80 Mark. Das kann sich der Durchschnittsbürger nur selten leisten. In der Umgangssprache nennt man die Exquisit-Läden auch »Ulbrichts Wucherbuden«, kurz »Uwubus«. »Delis« kennt man auch als »Fress-Ex«.

Advent, Advent: Blick in eine Berliner Kaufhalle Anfang der 1970er Jahre

AB IN DEN URLAUB

Urlaub machen wir mit unseren Eltern meist in der eigenen Republik, an der Ostsee, in der Sächsischen Schweiz oder im Harz. In den 1970er Jahren wird zudem der Campingurlaub immer beliebter. Reisen werden auch über die Betriebe organisiert, die meist über eigene Ferienheime verfügen. Oder man nutzt den FDGB-Feriendienst als größten Anbieter von Urlaubsreisen. Ein Trip in sozialistische Bruderländer wie **Bulgarien** ist besonders beliebt, aber für viele Familien unerschwinglich. Junge Leute können ab 1975 über das Reisebüro »Jugendtourist« günstig ins sozialistische Ausland reisen. Wer lieber unter sich bleiben will, verbringt seinen Sommer im eigenen Kleingarten auf seiner Datsche.

Preise in der DDR

- Brötchen: 0,05 M
- S-Bahn-Fahrkarte: 0,20 M
- Eine Flasche Bier, hell (0,33 l): 0,48 M
- Ein Beutel Vollmilch (1,0 l Schlauchbeutel): 0,70 M
- Eine Schachtel Club-Filterzigaretten: 4,00 M
- 1 Kilogramm Mocca-Fix-Filterkaffee: 70,00 M

Beliebteste Namen
1969

Kathrin / Katrin	**1.**	Thomas
Kerstin	**2.**	Frank
Annett	**3.**	Jens
Heike	**4.**	Andreas
Manuela	**5.**	Michael

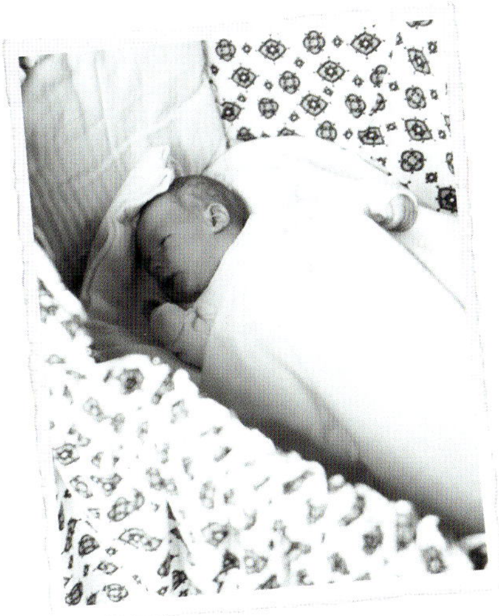

Ines	**6.**	Dirk
Andrea	**7.**	René
Simone	**8.**	Steffen
Silke	**9.**	Mario
Sabine	**10.**	Jörg

Mode 1969

Im Frühling 1968 brachte die SED-Führung die erste Bekleidungslinie für Teenager heraus und reagiert so auf die Sehnsucht der Jugendlichen nach frischer Mode. Zudem möchte man die herüberschwappenden Trends aus dem Westen selbst bedienen. Die Jugendlichen waren nämlich längst nicht mehr mit den Kollektionen ihrer Elterngeneration zufriedenzustellen. Die trendige Jugendmode, die im April 1968 herausgekommen ist, löst einen regelrechten Kaufrausch aus, die Marke »Sonnidee« ist sofort ausverkauft. Der Name steht für: »sonnige Jugend, ideenreich gekleidet«. In den neu eingerichteten Jugendmodezentren finden Schüler, Lehrlinge und Studenten 1969 Mini-Faltenröcke, Blümchen- und Reißverschluss-Mode, Kleidungsstücke im Military- und Western-Look – und alles zu bezahlbaren Preisen. An das lange Schlangestehen für Nickis, Hosen, Schuhe oder aber Festbekleidung gewöhnen sich die jungen Leute schnell – auch daran, dass die Produktion kaum hinterherkommt und vieles schnell vergriffen ist. Vor allem Kleider aus Malimo-Gewebe, die günstige 16 Mark kosten, werden den Verkäuferinnen der »Jumo«-Läden regelrecht aus den Händen gerissen.

Frisuren

Den Beatles und Mick Jagger nacheifernd, kommen in Europa bei den Männern Langhaarfrisuren in Mode. »Pilzköpfe« oder Haare, die über die Ohren wachsen, sind in. Junge Frauen tragen ihre Haare natürlich. Auch halblang mit Außenrolle oder ein Pagenschnitt à la **Mireille Mathieu** sind Ende der 1960er sehr beliebt.

Malimo-Kleidung, eine Erfindung des Sachsen Heinrich Mauersberger, wie dieser Hosenanzug mit Tunika sowie der Minirock mit Weste und Bluse, sind 1969 sehr beliebt. Daneben werden auch Heimtextilien nach dem Malimo-Verfahren gefertigt.

Präsent 20

Präsent 20 ist das Geburtstagsgeschenk für die Damen zum 20. Jahrestag der DDR. Die chemische Industrie hatte sich der Herstellung einer hundertprozentigen Polyesterseide verschrieben und präsentiert 1969 stolz die Kunstfaser Grisuten, die nun – basierend auf einem modernen Großrundstrick-Verfahren – den Modemarkt erobern soll. Sie ist für die Waschmaschine geeignet, knitterfrei und wird besonders als robustes Hosen- und Rockmaterial geschätzt. Aus dem Textilkombinat Cottbus wird Präsent 20 in alle Teile der Republik geliefert und sogar ins Ausland exportiert.

Denn aus Mangel an Stoffen, Tüchern und Garnen haben längst Chemiefasern den Modemarkt erobert. Die Jugendlichen kleiden sich 1969 wie ihre Beat- oder Schlagerikonen. Natürlich spiegelt sich die 68er-Bewegung auch in der Garderobe wider, die immer bunter und provokanter wird. Mit der Mini-Mode expandiert auch der Markt für Feinstrumpfhosen. Und das wichtigste Accessoire wird die Brille, egal ob Sonnenbrille oder Fensterglas mit Plastikrahmen. Insgesamt ist die Mode ab Ende der 1960er Jahre zusehends legerer. Hosen und Pullover sind bei beiderlei Geschlecht beliebt.

Wer an die Neuschöpfungen, die aus dem Westen herüberschwappen, nicht herankommt, näht selbst.

Schlager,
Stars und Sternchen
1969

Beliebte Chart-Hits
1969

Barry Ryan Eloise

The Beatles Ob-La-Di, Ob-La-Da

Desmond Dekker & The Aces The Israelites

The Beatles The Ballad of John and Yoko

Edwin Hawkins Singers Oh Happy Day

Elvis Presley In the Ghetto

Zager & Evans In the Year 2525

The Archies Sugar, Sugar

Tommy James and the Shondells Crimson and Clover

Donovan Atlantis

Chris Andrews Pretty Belinda

The Rolling Stones Honky Tonk Women

Beliebte Schlager 1969

Heintje
Heidschi Bumbeidschi

Peter Alexander
Liebesleid

Nina Lizell
Rauchen im Wald ist verboten

Roy Black
Das Mädchen Carina

Michael Holm Mendocino

Christian Anders
Geh nicht vorbei

Andreas Holm
Ich geb ein Fest

Udo Jürgens Anuschka

Helga Brauer Jeder Tag ist neu

Mireille Mathieu
Hinter den Kulissen von Paris

Wencke Myhre Er steht im Tor

Das letzte Beatles-Konzert

Das Rooftop Concert (»Konzert auf dem Dach«) der Beatles am 30. Januar auf dem Dach ihrer Apple-Studios in London ist der letzte öffentliche Auftritt der Band. Seit Jahren haben **Paul McCartney, John Lennon, Ringo Starr und George Harrison** (v. l. n. r.) nicht mehr live vor Publikum gespielt. Nur ein paar Leute sind anwesend. Das durch Schaulustige verursachte Verkehrschaos und die Beschwerden der Anwohner zwingen die Polizei zum Abbruch der Show nach 42 Minuten. Im April 1970 gibt die erfolgreichste Band aller Zeiten ihre Trennung bekannt.

Amiga Express
1969

In der beliebten Reihe **»Amiga Express«** werden die aktuellen Spitzenschlager herausgegeben, so auch 1969. Auf der Schallplatte finden sich folgende Titel:

Karin Heyn
Schön ist ein Kuss
um Mitternacht

Chris Doerk
Die alten Räuber

Thomas Lück
Das war im Jahr 1199

Ruth Brandin
Kann mir gar nicht imponieren

Gabriele Kluge
Hojo – aho

Volkmar Böhm
Pachanga

Nina Lizell
Rauchen im Wald

Marion Velten
Das kann nur einmal passier'n

Nina und Britt
Aller Anfang ist schwer

Roland Neudert
Sie hatte schwarzes Haar

Ina Martell
Fang meine Träume ein

Chris und Frank
Abends in der Stadt

Rosemarie Ambé
So kann die Liebe sein

Horst Krüger
Wirst du gehn

Gipsy
Abendbummel durch
die fremde Stadt

Michael Hansen
Wer hat sie gesehn?

Stars

Chris & Frank

Ab Mitte der 1960er Jahre sind der Musiker Frank Schöbel und die Sängerin Chris Doerk das Traumpaar der DDR-Öffentlichkeit. Schöbel, Sohn einer Opernsängerin, beginnt 1964 seine Gesangskarriere beim Erich-Weinert-Ensemble der Volksarmee. Die Schaufensterdekorateurin Chris Doerk wird bei der Talentsendung »Herzklopfen kostenlos« entdeckt. Bei der TV-Sendung treffen sich die beiden auch zum ersten Mal, und schon bald holt Schöbel Doerk mit in sein Gesangsensemble. 1967 gewinnen sie beim ersten Schlagerwettbewerb der DDR mit einem gemeinsamen Lied – der Erfolg ist überwältigend. Frank Schöbel wird für den Film entdeckt, im DEFA-Streifen *Heißer Sommer* stehen sie – frisch vermählt – 1968 zusammen vor der Kamera. Der Film wird Kult. Nach der Geburt ihres Sohnes darf »Zonen-Elvis« Frank als erster Schlagersänger aus dem Osten im Westfernsehen auftreten. Es folgen zahlreiche Engagements als Gesangsduett, aber auch als Schauspieler- und Moderatoren-Paar. Als sich die beiden 1974 trennen, sind Fans und Staatsobrigkeiten gleichermaßen erschüttert. Frank Schöbel gilt heute noch als einer der beliebtesten Schlagersänger aus der DDR, und auch Chris Doerk ist der Musik treu geblieben. Heute stehen sie hin und wieder gemeinsam auf der Bühne.

Beliebte Filme/Serien 1969

Vom 5. bis 14. Januar zeigt das 1. Programm des DDR-Fernsehens den 5-teiligen Fernsehfilm **»Krupp und Krause / Krause und Krupp«** (Regie: Horst E. Brandt) mit Günther Simon, **Angelica Domröse** und Helga Göring. Erzählt wird der Lebensweg Fred Krauses vom Arbeiter bei Krupp bis zum Generaldirektor des Magdeburger Ernst-Thälmann-Werkes.

Woodstock

Das Woodstock Music and Art Fair – 3 Days of Peace & Music, kurz Woodstock, ist das Musikereignis des Jahres und gilt als Höhepunkt der US-amerikanischen Hippiebewegung. Das Open-Air-Musikfestival findet vom 15. bis 18. August auf einem Ackergelände im Bundesstaat New York statt. 32 Bands und Solokünstler, darunter Stars wie Jimi Hendrix, Janis Joplin, The Who, Santana, Jefferson Airplane und **Joe Cocker** treten vor geschätzten 400 000 Besuchern auf. Das Wetter ist schlecht, die Zustände teilweise katastrophal, doch steht Woodstock bis heute für den Mythos eines friedlichen, künstlerischen und »anderen« Amerikas – einer Insel der Hoffnung in Zeiten des Vietnamkriegs, politischer Morde und der 68er-Proteste. Der oscarprämierte Dokumentarfilm *Woodstock* trägt zusammen mit dem Soundtrack damals wie heute diesen Mythos in die Welt.

Am 22. März hat ***Mohr und die Raben von London*** (Regie: Helmut Dziuba) mit Alfred Müller auf der III. Jugendfilmwoche in Halle Premiere.

Vom 31. August bis 7. September läuft erstmals der 4-teilige Fernsehfilm **»Hans Beimler – Kamerad«** (Regie: Rudi Kurz) im Deutschen Fernsehfunk (DFF). Horst Schulze spielt die Rolle des Kommunisten Beimler.

Vom 30. September bis 6. Oktober strahlt der DFF die ersten fünf Folgen von **»Dolles Familienalbum«** aus. Es ist die erste und überaus erfolgreiche Familienserie des DDR-Fernsehens.

Am 4. Dezember 1969 feiert der DEFA-Roadmovie ***Weite Straßen – stille Liebe*** (Regie: Herrmann Zschoche) im Berliner Kino *International* Premiere. In den Hauptrollen: Manfred Krug, Annekathrin Bürger und Jaecki Schwarz.

1960 erscheint mit ***Die Olsenbande in der Klemme*** der zweite Teil der Olsenbandenreihe. In die DDR-Kinos kommt er im Sommer 1971.

Film International 1969

Easy Rider
(USA) Regie:
Dennis Hopper
mit Dennis
Hopper und
Peter Fonda

Verschollen im Weltraum (USA)
Regie: John Sturges
mit Gregory Peck und
Gene Hackman

Monty Python's Flying Circus (GB)
Regie: BBC
mit Graham Chapman,
John Cleese und Terry Gilliam

Die Verdammten (IT/BRD)
Regie: Luchino Visconti
mit Dirk Bogarde und Helmut Berger

Funny Girl (USA)
Regie: William Wyler
mit Barbra Streisand und Omar Sharif

Asphalt Cowboy (USA)
Regie: John Schlesinger
mit Dustin Hoffman und Jon Voight

The Wild Bunch – Sie kannten kein Gesetz (USA)
Regie: Sam Peckinpah
mit William Holden und Ernest Borgnine

Literatur 1969

Neuerscheinungen 1969

Jurek Becker:
Jakob der Lügner

Philip K. Dick:
Ubik

Günther Wallraff:
13 unerwünschte Reportagen

György Konrád:
Der Besucher
(ungarischer Originaltitel:
A látogató)

Philip Roth:
Portnoys Beschwerden
(englischer Originaltitel:
Portnoy's Complaint)

Der Nobelpreis für Literatur geht 1969 an den irischen Schriftsteller **Samuel Beckett**, einen der bedeutendsten Dichter des 20. Jahrhunderts.

Christa Wolf (1929–2011)

Sechs Jahre nach dem Erfolgsroman *Der geteilte Himmel*, mit dem die Schriftstellerin schlagartig berühmt wurde, gelingt ihr 1968 mit dem Roman ***Nachdenken über Christa T.*** ein bedeutendes Werk für eine ganze Generation. Auf dem VI. Schriftstellerkongress der DDR im Mai 1969 wird der Roman wegen seines »Individualismus« scharf verurteilt. Auch weil Wolf zuvor im Schriftstellerverband die Zustimmungserklärung zum Einmarsch der Moskauer Truppen verweigerte, beginnt für sie die Zeit schwieriger Konflikte mit der SED. Wegen ihrer sozialistischen Überzeugung auch nach der Wende steht sie andererseits stets unter Beschuss von Literaturkritikern. Christa Wolf zählt dennoch zu den bedeutendsten deutschsprachigen Autorinnen.

Weitere wichtige Werke sind:

Kindheitsmuster (1976)
Kein Ort. Nirgends (1979)
Kassandra (1983)
Medea. Stimmen (1996)

Shaw im Gespräch mit Schriftsteller Ludwig Turek (1952)

Elisabeth Shaw

1920 in Irland geboren, studierte Elisabeth Shaw zunächst Kunst in London. Weil sie 1940 zum Kriegsdienst eingezogen wurde, musste sie ihr Studium abbrechen und bis 1944 als Mechanikerin arbeiten. 1944 heiratet sie den deutschen Bildhauer und Maler René Graetz, der im Londoner Exil lebt, und zieht mit ihm zusammen 1946 nach Berlin, wo sie sich als freie Künstlerin etablieren kann. Shaw arbeitet als Karikaturistin für den *Eulenspiegel* und das *Neue Deutschland*, sie illustriert die Gedichte und Geschichten Bertolt Brechts sowie Texte von Mark Twain, James Krüss, Astrid Lindgren und Rainer Kirsch. 1962 bringt sie ihr erstes eigenes Kinderbuch heraus. Bis zu ihrem Tod 1992 werden es 23 Stück sein, übersetzt in 13 Sprachen, für die sie viele Preise erhält.

Einige ihrer Kindergeschichten sind:

»Der kleine Angsthase« (1963)
»Bettina bummelt« (1971)
»Das Bärenhaus« (1973)
»Als Robert verschwand« (1975)

Geburtstage
1969

Geburtstage
berühmter Persönlichkeiten

1969 kommen Menschen zur Welt, aus denen später berühmte Persönlichkeiten werden. Diese Schauspieler, Sänger und Entertainer begleiten uns in Funk und Fernsehen über mehrere Jahrzehnte – sehr viele von ihnen noch heute. Wir lassen uns von ihnen unterhalten und mitreißen. Mit ihnen werden Erinnerungen wach. Bekannte Politiker, Autoren, bildende Künstler und Sportler erblicken wie wir das Licht der Welt, leisten Wertvolles in ihrem Leben und gestalten die Geschichte mit.

02.01.
Christy Turlington

03.01.
Michael Schumacher

10.01.
Andreas Reinke
TORWART

14.01.
Dave Grohl

15.01.
Meret Becker

30.01.
Antje Pieper

01.02.
Gabriel Batistuta

04.02.
Claudia Michelsen
SCHAUSPIELERIN

11.02.
Jennifer Aniston

22.02.
Hans Klok

24.02.
Katrin Schreiter
LEICHTATHLETIN

01.03.
Javier Bardem

04.03.
Matthias Kahle
RALLYEFAHRER

05.03.
MC Solaar

16.03.
Markus Lanz

28.03.
Ilke Wyludda
DISKUSWERFERIN UND OLYMPIONIKIN

02.04.
Mariella Ahrens
SCHAU-SPIELERIN

11.04.
Caren Miosga

17.04.
Kim Fisher

20.04.
Marietta Slomka
Felix Baumgartner

25.04.
Renée Zellweger

01.05.
Wes Anderson

07.05.
Marie Bäumer

14.05.
Cate Blanchett

22.05.
Jörg Roßkopf

08.06.
Dariusz Wosz

14.06.
Steffi Graf

15.06.
Oliver Kahn

30.06.
Uta Rohländer
LEICHTATHLETIN

03.07.
Gedeon Burkhard

07.07.
Sylke Otto
RODLERIN UND OLYMPIONIKIN

16.07.
Sahra Wagenknecht
POLITIKERIN

22.07.
Ronny Weller
GEWICHTHEBER

24.07.
Jennifer Lopez

31.07.
Antonio Conte

03.08.
Ingo Oschmann

18.08.
Everlast
Edward Norton
Christian Slater

19.08.
Matthew Perry

21.08.
Oliver Geissen

28.08.
Jack Black

23.09.
Silvia Seidel (†)

25.09.
Catherine Zeta-Jones

29.09.
Erika Eleniak

03.10.
Gwen Stefani

09.10.
PJ Harvey

23.10.
Dolly Buster

29.10. Mirco Nontschew
KOMIKER

30.10.
Jens Büchner
SCHLAGERSÄNGER

04.11.
Thomas Luther
GROSSMEISTER IM SCHACH
Matthew McConaughey

10.11.
Jens Lehmann

21.11.
Olivia Jones

22.11.
Katrin Krabbe
KURZ-STRECKEN-LÄUFERIN

04.12.
Jay-Z

21.12.
Julie Delpy

22.12.
Dagmar Hase
SCHWIMMERIN

31.12.
Claudia Kleinert

Dies und das
1969

Am 4. April bekommt der US-Amerikaner Haskell Karp als erster Mensch der Welt vorübergehend ein **künstliches Herz** eingepflanzt.

Jonathan Beckwith und seinem Team gelingt am 23. November an der **Harvard University** das Isolieren eines einzelnen Gens aus einem Bakterium (*Escherichia coli*).

In der Physikalisch-Technischen Bundesanstalt in Braunschweig wird die erste deutsche **Atomuhr** CS1 (Caesium-Eins) in Betrieb genommen, die bis 1985 die genaueste Uhr der Welt ist.

Am 21. Oktober wird in Kopenhagen die erste internationale **Sex- und Erotikmesse** der Welt eröffnet.

Jürgen Dethloff und Helmut Gröttrup melden in Deutschland das Patent für einen »Identifizierungsschalter« an – die **Chipkarte** revolutioniert den Zahlungsverkehr.

Am 29. Oktober wird in Los Angeles die erste Nachricht an einen zweiten, 500 Kilometer entfernten Rechner verschickt: die **Geburtsstunde des Internet**.

Am 19. Oktober erzwingen zwei bewaffnete DDR-Bürger die Landung einer Verkehrsmaschine der polnischen Fluggesellschaft **Lot** auf dem Flughafen Tegel in Westberlin. Der Flieger war auf dem Weg von Warschau nach Brüssel und sollte eigentlich in Ostberlin zwischenlanden.

Sport
1969

Sportereignisse 1969

Sport spielt im Leben der Bürger der DDR eine große Rolle, die »Förderung der Körperkultur, des Schul- und Volkssports« ist sogar in der Verfassung festgeschrieben. Turnhallen, Bolzplätze und Schwimmbäder werden rege besucht und staatlich geförderte Sportgemeinschaften und Betriebssportgemeinschaften erfreuen sich großer Beliebtheit. Auf Schul-, Kreis-, Bezirks- und landesweiter Ebene wird eine Vielzahl sportlicher Wettkämpfe veranstaltet – seit 1965 auch die Kinder- und Jugendspartakiaden. Begeistert werden Wettbewerbe und öffentliche Sportereignisse verfolgt – entweder live vor Ort oder im Radio, und immer häufiger am Bildschirm.

Skisport

Am 5. Januar erringt der Norweger Björn Wirkola den Gesamtsieg bei der traditionellen deutsch-österreichischen **Vierschanzentournee**.

Beim **Alpinen Skiweltcup der Saison 1968/69** geht der Österreicher Karl Schranz als Gesamtsieger hervor.

Im **Alpinen Skiweltcup der Saison 1969/70** gelingt es Malcolm Milme, beim Abfahrtsrennen im französischen Val d'Isère am 14. Dezember vor dem Schweizer Jean-Daniel Daetwyler und Karl Schranz ins Ziel einzufahren – und damit als erster australischer Skiläufer ein bedeutendes internationales Rennen zu gewinnen.

Der 21-jährige Skispringer **Manfred Wolf** aus dem thüringischen Steinbach-Hallenberg stellt am 23. März im jugoslawischen Planica mit 165 Metern Weite einen neuen **Skiflugweltrekord** auf.

Fußball

Meister der 20. Saison der **DDR-Oberliga** wird zum sechsten Mal der FC Vorwärts Berlin vor dem FC Carl Zeiss Jena und dem 1. FC Magdeburg. Torschützenkönig Gerd Kostmann von Hansa Rostock kann seinen Titel aus dem Vorjahr verteidigen.

Der Berliner Vorwärts-Torhüter Alfred Zulkowski (2. v. l.) wehrt den hohen Flankenball ab; seine Vorderleute Hans-Dieter Krampe (l.) und Wolfgang Strübing (3. v. l.) schauen mit dem Rostocker Gerd Kostmann (v. r.) zu.

Der FC Bayern München wird Erster der Fußball-Bundesliga und gewinnt in dieser Saison auch den Europapokal der Landesmeister und den DFB-Pokal.

Der brasilianische Fußballstar **Pelé** erzielt am 19. November das tausendste Tor in seiner Vereinslaufbahn beim FC Santos.

Eiskunstlauf

Gaby Seyfert gewinnt in diesem Jahr sowohl die DDR-Meisterschaften als auch die Europameisterschaften in Garmisch-Partenkirchen wie auch die Weltmeisterschaften in Colorado Springs im Einzellauf.

Bei den nationalen **Eiskunstlaufmeisterschaften der Sowjetunion** am 10. Januar werden Ludmilla Beloussowa und Oleg Protopopow nur Zweite hinter Tamara Moskwina und Alexei Mischin.

Radrennsport

Der Italiener Felice Gimondi kann den **52. Giro d'Italia** am 8. Juni für sich entscheiden.

Am 20. Juli gewinnt Radfahrerlegende **Eddy Merckx** aus Belgien seine erste Tour de France.

Tennis

Die 28-jährige bundesdeutsche Tennisspielerin **Helga Niessen** erzielt mit dem Gewinn der internationalen Tennismeisterschaften von Südamerika in Buenos Aires am 16. November ihren bisher größten Erfolg.

Die 17-jährige Karin Janz beim Abgang von ihrem Spezialgerät, dem Stufenbarren, am ersten Tag der Europameisterschaften im Turnen am 18. April 1969.

Turnen

Die **7. Turn-Europameisterschaften** der Frauen finden 1969 in Landskrona (Schweden) statt. Erfolgreichste Nation wird die DDR mit insgesamt sieben Medaillen. Karin Janz aus Berlin wird erste deutsche Europameisterin im Mehrkampf. Insgesamt erzielt sie vier Europameistertitel.

Vom 24. bis 27. Juli findet das **V. Deutsche Turn- und Sportfest** der DDR in Leipzig statt. Im Rahmen der Ausstellung »Kunst und Sport« wird auch erstmals das »Ehrenzeichen für Körperkultur und Sport« verliehen.

Die Souvenirpuppen Ille und Pille zum V. Deutschen Turn- und Sportfest

Leichtathletik-Weltrekorde

Liesel Westermann (BRD) stellt am 18. Juni in Ostberlin mit 62,7 Metern einen Weltrekord im **Diskuswerfen** auf.

Als erste Frau der Welt übertrifft die 23-jährige **Nadeschda Tschischowa** aus der UdSSR am 13. Juli die 20-Meter-Marke im Kugelstoßen: Beim Leichtathletik-Dreiländerkampf Polen–Sowjetunion–DDR im polnischen Chorzów erzielt sie die Weltrekordmarke von 20,09 Metern.

Am 27. Juli stellt die 31-jährige Magdeburgerin Leichtathletin **Karin Balzer** mit 13,0 Sekunden einen Weltrekord über 100 Meter Hürden auf.

Am 19. August erreicht der sowjetische Leichtathlet **Wladimir Dudin** in Kiew mit 8:22,2 Minuten einen Weltrekord im 3000-Meter-Hindernislauf.

Der Hammerwerfer Anatoli Bondartschuk stellt am 12. Oktober im sowjetischen Rowna (heute Ukraine) mit 75,48 Meter einen Weltrekord im **Hammerwerfen** auf.

Am 11. Dezember erzielt der US-Amerikaner **Bill Toomey** in Santa Barbara (Kalifornien) mit 8417 Punkten einen Weltrekord im Zehnkampf.

Ereignisse 1970-1979

Unser erstes Lebensjahrzehnt

In unseren ersten zehn Lebensjahren ereignen sich politische Umstürze, Entwicklungen und auch Annäherungen. Für uns als Kinder sind die meisten Ereignisse kaum spürbar. Wir verleben eine unbeschwerte Kindheit und wachsen zu Persönlichkeiten heran. Nach den Ereignissen des Prager Frühlings schirmt sich unser Heimatland immer mehr von der westlichen Welt ab und eine neue innere Ordnung setzt sich durch. Als Erich Honecker Generalsekretär des Zentralkomitees (ZK) der SED wird, sind wir sieben Jahre alt. Als Neunjährige verfolgen wir 1978 begeistert Sigmund Jähns Erdumrundung. Weitere Schlagzeilen werden uns im Gedächtnis bleiben und machen uns bewusst, in welch wechselvoller und ereignisreicher Zeit wir groß werden.

1970

01.01.
Einführung der Personenkennzahl

15.02.
Erstes Festival des politischen Liedes in Berlin

19.03.
Treffen zwischen Bundeskanzler Willy Brandt und DDR-Ministerpräsident Willi Stoph in Erfurt. Zwei Monate später kommen sie in Kassel erneut zusammen.

22.04.
Wladimir Iljitsch Lenins 100. Geburtstag wird mit Ausstellungen im Alten Museum Berlin und in der Akademie der Künste der DDR feierlich begangen. Drei Tage zuvor wurde das Lenin-Denkmal in Berlin-Friedrichshain eingeweiht.

01.07.
DDR-Waren werden nicht mehr durch »Made in Germany«, sondern durch »Made in GDR« gekennzeichnet.

25.11.
Am Berliner Alexanderplatz eröffnet das **Centrum-Warenhaus**.

1971

20.01.
13 von 20 Mitgliedern des Politbüros stimmen in einem Brief an den Parteichef der KPdSU, Leonid Breschnew, für den Rücktritt Walter Ulbrichts.

12.04.
Walter Ulbricht wird von Breschnew zum Rücktritt aufgefordert.

03.05.
Erich Honecker tritt die Nachfolge Ulbrichts als 1. Sekretär des ZK der SED an. Ulbricht bleibt Staatsratsvorsitzender und Vorsitzender der SED.

27.06.
Die erste »Polizeiruf 110«-Folge, »Der Fall Lisa Murnau«, wird ausgestrahlt.

09.10.
Enthüllung des »Nischel« in Karl-Marx-Stadt. Die Karl-Marx-Plastik ist mit 7,10 Metern die zweitgrößte Porträtbüste der Welt.

18.11.
Verkündung eines Preisstopps für Konsumgüter und Dienstleistungen bis 1975

1972

29.01.
Die erste Sendung **»Ein Kessel Buntes«** wird aus dem Friedrichstadt-Palast im DFF übertragen.

11.02.
Umbenennung des Deutschen Fernsehfunks in »Fernsehen der DDR«

09.03.
Beschluss der Volkskammer für eine Fristenlösung beim Schwangerschaftsabbruch, die im ersten Trimenon eine Abtreibung ermöglicht.

18.05.
Uraufführung von Ulrich Plenzdorfs *Die neuen Leiden des jungen W.* im Landestheater Halle

14.08.
Flugzeugabsturz einer Iljuschin IL-62 der DDR-Fluggesellschaft Interflug über Königs Wusterhausen. Alle 156 Insassen sterben.

06.10.
Etwa 32 000 politische und kriminelle Straftäter werden mit einer Amnestie aus DDR-Gefängnissen entlassen.

20.12.
Die Schweiz erkennt die DDR an.

1973

02.02.
Beitritt der DDR zum »Wiener Übereinkommen über diplomatische Beziehungen«

09.02.
Großbritannien und Frankreich nehmen diplomatische Beziehungen zur DDR auf.

29.03.
Filmpremiere von *Die Legende von Paul und Paula* (Regie: Heiner Carow) mit Angelica Domröse und **Winfried Glatzeder** in den Hauptrollen. Das Drehbuch schrieben Carow und Plenzdorf.

21.06.
Der im Dezember 1972 unterzeichnete »Vertrag über die Grundlagen der Beziehungen zwischen der Bundesrepublik und der Deutschen Demokratischen Republik« tritt in Kraft.

01.08.
Tod Walter Ulbrichts

18.09.
DDR und BRD werden als Mitglieder in die UNO aufgenommen.

02.11.
Grundsteinlegung für den Palast der Republik in Berlin

19.12.
DDR-Bürger dürfen mit westlicher Währung im **Intershop** einkaufen.

1974

01.01.
Zur Abgrenzung gegenüber der BRD ersetzt das Kfz-Kennzeichen »DDR« das bisherige »D«.

10.01.
Egon Krenz wird Erster Sekretär des Zentralrats der FDJ.

24.04.
Verhaftung von Günter Guillaume, des persönlichen Referenten Willy Brandts, wegen Spionage für die DDR

04.09.
Die USA nehmen diplomatische Beziehungen zur DDR auf.

22.06.
Bei der Fußballweltmeisterschaft in der Bundesrepublik besiegt die DDR mit 1:0 die BRD. Das Tor erzielt **Jürgen Sparwasser** vom 1. FC Magdeburg.

19.10.
Die Urlaubszeit wird von 15 auf 18 Tage im Jahr verlängert, Schichtarbeiter erhalten 21 Urlaubstage.

1975

17.04.
Kino-Premiere des DEFA-Films ***Jakob der Lügner*** (Regie: Frank Beyer) nach einem Roman von Jurek Becker

01.08.
Erich Honecker und Helmut Schmidt unterzeichnen die KSZE-Schlussakte.

22.09.
Verbot der Klaus Renft Combo wegen Diffamierung der Staats- und Schutzorgane

05.12.
Günter Guillaume wird wegen Spionage für die DDR zu 13 Jahren Haft verurteilt.

Regisseur Frank Beyer (l.) mit seinen Darstellern Manuela Simon, Erwin Geschonneck und Gabriele Gysi (v. l. n. r.) bei der Berlinale 1975. Für die Darstellung des Jakob wird Vlastimil Brodský mit dem Silbernen Bären ausgezeichnet.

1976

23.04.
Eröffnung des
Palasts der Republik

22.05.
Erich Honecker wird Generalsekretär der SED.

30.07.
Erhöhung des Mindestlohns von 350 auf 400 Mark

18.08.
Selbstverbrennung des evangelischen Pfarrers Oskar Brüsewitz in Zeitz

29.10.
Erich Honecker wird Staatsratsvorsitzender.

03.11.
Ausschluss des Schriftstellers Reiner Kunze aus dem Schriftstellerverband der DDR wegen der Veröffentlichung von *Die wunderbaren Jahre* in der BRD

16.11.
Während einer Konzertreise von **Wolf Biermann** ins Ruhrgebiet beschließt die DDR-Führung, dem Liedermacher die Rückkehr zu verweigern und ihn auszubürgern.

1977

11.01.
Die Volkspolizei behindert DDR-Bürger, die die Ständige Vertretung der BRD aufsuchen wollen. Ziel ist die Verhinderung von Ausreisen.

02./03.04.
Eine kubanische Delegation unter Leitung von Fidel Castro besucht Berlin.

07.04.
Generalbundesanwalt Siegfried Buback wird zusammen mit seinem Fahrer in Karlsruhe auf offener Straße von RAF-Terroristen erschossen.

16.06.
Leonid Breschnew übernimmt neben dem Amt des Generalsekretärs der KPdSU auch das des Staatspräsidenten.

20.06.
Manfred Krug siedelt mit seiner Familie in die Bundesrepublik über.

24.06.
Mit der Grundsteinlegung beginnt in Dresden der Wiederaufbau der im Zweiten Weltkrieg fast völlig zerstörten **Semperoper**. Acht Jahre später wird sie mit Webers *Freischütz* eingeweiht.

16.08.
Elvis Presley stirbt in Memphis/Tennessee an Herzversagen.

23.08.
Verhaftung des DDR-Regimekritikers **Rudolf Bahro** wegen der Veröffentlichung von Auszügen aus seinem Buch *Die Alternative* in der BRD sowie des Vorwurfs nachrichtendienstlicher Tätigkeit

07.10.
In Berlin kommt es auf dem Alexanderplatz im Rahmen der Festveranstaltungen zum Nationalfeiertag der DDR zu schweren Zusammenstößen zwischen Jugendlichen und der Volkspolizei.

1978

10.01.
Weil das Magazin *Der Spiegel* am 2. Januar das vermeintliche »Manifest des Bundes Demokratischer Kommunisten Deutschlands« aus den eigenen Reihen der SED veröffentlichte, wird das Ostberliner ***Spiegel*-Büro** geschlossen.

30.03.
Der österreichische Bundeskanzler Bruno Kreisky besucht als erster westlicher Regierungschef die DDR.

07.06.
Unter der Leitung von Jassir Arafat besucht eine Delegation der PLO die DDR.

05.–08.06.
Eine Staatsdelegation aus der DDR besucht Paris zu Gesprächen über Wirtschaftsbeziehungen.

30.06.
Rudolf Bahro wird wegen »geheimdienstlicher Verbindungsaufnahme« zu acht Jahren Haft verurteilt.

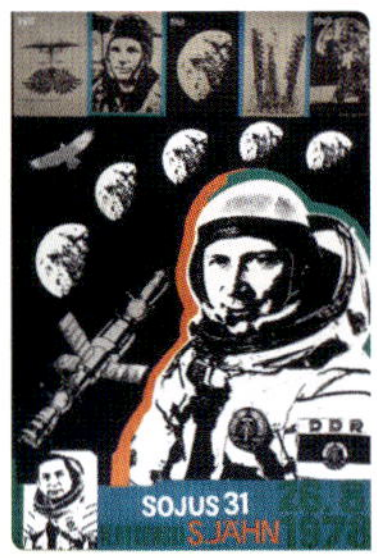

26.08.
Sigmund Jähn ist der erste Deutsche im All. Er fliegt in der »Sojus 31« zur Orbitalstation »Saljut 6« und umkreist eine Woche lang die Erde. Das Sandmännchen begleitet den Kosmonauten als Maskottchen.

26./27.10.
Staatsbesuch des DDR-Außenministers Oskar Fischer in Italien

1979

08.–21.01.
Staatsbesuch von Erich Honecker und Willi Stoph in Indien

01.02.
Ajatollah Chomeini kehrt nach 15 Jahren Exil zurück in den Iran.

13.08.
Die Cap Anamur nimmt die ersten vietnamesischen Flüchtlinge auf. In einer siebenjährigen Rettungsaktion werden über 11 000 Menschen vor dem Ertrinken und dem Hungertod gerettet.

16.09.
Zwei Familien aus dem thüringischen Pößneck gelingt die **Flucht aus der DDR** nach Westdeutschland mit einem selbstgebauten Heißluftballon.

27.09.
Eröffnung des größten und modernsten Centrum-Warenhauses am Berliner Ostbahnhof

04.–08.10.
Leonid Breschnew besucht die DDR. Dabei kommt es zum berühmt gewordenen Bruderkuss zwischen Honecker und Breschnew.

10.11.
Amnestie und Haftentlassung für mehr als 20 000 Strafgefangene anlässlich des 30. Jahrestags der DDR, darunter Rudolf Bahro. Wenige Tage später reist er in die BRD aus.

18.12.
Die UNO verabschiedet das Übereinkommen zur Beseitigung jeder Form von Diskriminierung der Frau.

Unsere Kindheit

Neustrelitz, Anfang der 1970er Jahre: Kinder bei einer Laubschlacht im Park

Wir sind Kinder der 1970er Jahre. Wir wachsen wohlbehütet in unserer sozialistischen Heimat auf. Wir besuchen die Kinderkrippe und den Kindergarten, wo wir mit Gleichaltrigen spielen, basteln, malen und singen. Für Frühstück, Mittagessen und Vesper ist gesorgt und unsere Eltern können beruhigt ihrer Arbeit nachgehen. Am Nachmittag holen sie uns ab. Bis zum Abendessen können wir noch mit unseren Geschwistern oder den Nachbarskindern spielen.

Zeitschriften

Wir sind außerdem ganz verrückt nach der Comic-Reihe ***Mosaik***, die uns monatlich die neuesten Abenteuer der Digedags beschert, oder schmökern in der *Bummi*, ***ABC-Zeitung*** oder im **FRÖSI**.

Schon früh helfen wir im Haushalt mit und entlasten unsere berufstätige Mutter. Putzen und Kochen ist auch in der DDR Frauensache, überdies nach einer 40-Stunden-Woche. Wir übernehmen kleine Aufgaben wie Abtrocknen, Müllwegbringen oder Staubwischen. Sind die Pflichten erfüllt, zieht es uns raus auf die Straße oder in den Wald. Hier haben wir viele Freiheiten und können unbeaufsichtigt mit Freunden spielen, Buden bauen, auf Bäume klettern und unser Leben genießen. Wir spielen Fangen, Gummihopse oder Verstecken. Puppenwagen, Roller und Fahrrad sind immer mit dabei. Wir spielen, bis es dunkel wird. Im Sommer gehen wir ins Freibad oder fahren an den nächsten Badesee. Wenn das Essen fertig ist, ruft uns unsere Mutter, oder wir kommen nach Hause, wenn die Laternen angehen.

Im Winter gehen wir Rodeln oder holen unsere Schlittschuhe aus dem Keller. Doch wir spielen auch gern in unseren Kinderzimmern mit unseren **Spielsachen**: Puppen, Autos, Metallbaukästen, Cowboy- und Indianerfiguren, Eisenbahnen oder Kaufmannsläden. Am Wochenende haben unsere Eltern meistens etwas mehr Zeit für uns. Dann machen wir zusammen Ausflüge, besuchen Oma und Opa oder spielen Gesellschaftsspiele.

BÜCHER, BÜCHER

Wenn wir nicht mit unseren Freunden durch die Nachbarschaft streifen, tauchen wir lesend in Abenteuer- und Fantasiewelten ein. Bei der Kinderliteratur der DDR herrscht, im Gegensatz zu vielen anderen Bereichen, keine Knappheit. Im Kinderbuchverlag Berlin erscheinen von 1949 bis 1989 knapp 5000 Titel mit einer Gesamtauflage von etwa 300 Millionen Exemplaren. Viele namhafte Autoren der DDR schreiben für uns Kinder.

Unsere Lieblinge im Fernsehen

In den 1970er Jahren haben die meisten von uns einen Fernseher. Das Kinderprogramm des DDR-Fernsehens begeistert uns und wird zum festen Bestandteil unseres Alltags: **»Zu Besuch im Märchenland« mit Meister Nadelöhr** und seinen Märchen und Liedern. Die **»Flimmerstunde«** mit Professor Flimmrich und Karli Kurbel verschlingen wir regelrecht. Die Zeichentrickserien **»Lolek und Bolek«**, **»Hase und Wolf«** oder **»Die drei Holzfäller«** sind auch sehr beliebt. Vorm Schlafengehen dürfen wir sonnabends den »Abendgruß« des Sandmännchens nicht verpassen und erfreuen uns an den Abenteuern von Pittiplatsch und Schnatterinchen.

Nicht wegzudenken aus unserer Kindheit sind die Märchenfilme der DEFA wie ***Das kalte Herz***, ***Das Feuerzeug***, ***Das singende, klingende Bäumchen*** und natürlich ***Drei Haselnüsse für Aschenbrödel***.

Beispiele wunderbarer Kinderbücher aus berühmten Federn:

Erwin Strittmatter – *Tinko* (1955)

Anna Elisabeth Wiede – ***Das Untier von Samarkand*** (1957)

Franz Fühmann – **»Vom Moritz, der kein Schmutzkind mehr sein wollte«** (1959)

Bertolt Brecht – ***Ein Kinderbuch*** (1965)

Stefan Heym – ***Casimir und Cymbelinchen. Zwei Märchen*** (1966)

Werner Heiduczek – **»Laterne vor der Bambushütte«** (1969)

Sarah Kirsch – **»Caroline im Wassertropfen«** (1975)

Rainer Kirsch – **»Die Perlen der grünen Nixe«**

Peter Hacks – **»Armer Ritter«** (1977)

Im Frühjahr 1969 eröffnet in Halle-Neustadt eine Bibliothek eigens für Kinder.

Gerhard Holtz-Baumerts ***Alfons Zitterbacke*** oder Alfred Könners ***Drei kleine Bären*** sind unsere Helden. Auch die Geschichten von Liselotte Welskopf-Henrich, James Krüss oder Karl May lesen wir viel.

Im **»Der Zauberer der Smaragdenstadt«** von Alexander Wolkow gerät die kleine Elli in ein Zauberland voller Gefahren und schrecklicher Geschöpfe. Gemeinsam mit dem eisernen Holzfäller, dem Scheuch und dem Löwen rettet sie sich aus jeder misslichen Lage.

Nimmerklug im Knirpsenland von Nikolai Nossow erzählt von Knirpsen und Knirpselinen, die in einer märchenhaften Stadt leben, allen voran Nimmerklug, der mit seinen Freunden viele Abenteuer erlebt.

Im Bilderbuch **»Der kleine Angsthase«** schildert Elisabeth Shaw die Geschichte eines jungen Hasen, der seine Angst überwindet und plötzlich mutig wird, weil er den kleinen Ulli vor dem Fuchs retten muss.

Unsere Schule

Leipzig, 1971: Kleines Mädchen bei Schulbuchkauf

Anfang September 1975 oder 1976 steht uns ein aufregendes Ereignis bevor – unsere Einschulung in die Polytechnische Oberschule (POS). Wir stehen an diesem Tag im Mittelpunkt, bekommen eine Schultüte und feiern mit der ganzen Familie. Endlich lernen wir Lesen, Schreiben und Rechnen. Und am 13. Dezember, dem »Pioniergeburtstag«, treten wir in einem feierlichen Rahmen den Jungen Pionieren bei. Wir geben unser Pionierversprechen ab und bekommen das blaue Halstuch verliehen. Wir üben fleißig den Pionierknoten zu binden und sind stolz auf unsere Pionierkleidung, bestehend aus weißem Hemd mit aufgenähtem Emblem, einem dunkelblauen Rock oder einer Hose und dem blauen Käppi. Zum Unterrichtsbeginn oder beim Fahnenappell heißt es täglich: »Für Frieden und Sozialismus: Seid bereit!«, worauf wir Pioniere mit »Immer bereit!« und dem Pioniergruß antworten. Mit 14 Jahren werden wir Mitglied der Freien Deutschen Jugend (FDJ). Schulbücher sind für alle kostenlos.

Im Musikunterricht lernen wir viele sozialistische Lieder. Die Texte vom »Kleinen Trompeter« und der »Kleinen weißen Friedenstaube« können wir heute noch auswendig. »Immer lebe die Sonne« oder »Ich trage eine Fahne« klingen noch in unseren Ohren. Schüler mit den besten Stimmen dürfen dem Schulchor beitreten. An Pioniernachmittagen basteln wir, machen Ausflüge oder gehen ins Kino oder in den Tierpark.

Jede Klasse hat eine Patenbrigade, die am Ende jedes Schuljahrs die besten Schüler auszeichnet. Wir sammeln Altpapier und Glas, das wir in die Schule und anschließend zu einer SERO-Annahmestelle bringen.

VEB Chemische Werke Buna, Schkopau, 1978: Kinder der 4. Klasse der 5. Oberschule Halle besuchen ihre Patenbrigade.

Ferien im Pionierlager am Frauensee bei Potsdam (1972)

Das eingenommene Geld spenden wir an sozialistische Partnerländer oder sparen für die nächste Freizeitaktivität. Unser Schulgarten wird gehegt und gepflegt und wir freuen uns über unsere selbstgeernteten Johannisbeeren. Im Werkunterricht bauen wir praktische Alltagsgegenstände und in Nadelarbeit wird uns beigebracht, wie man Löcher stopft oder Topflappen häkelt.

Wir gehen an sechs Tagen in der Woche zur Schule. Von Montag bis Freitag werden wir von der Schulspeisung mit einem warmen Mittagessen versorgt. Am Samstag haben wir nur wenige Stunden Unterricht und sind pünktlich zum Mittagessen zu Hause.

Sport spielt in unserer Schulzeit eine große Rolle. Die Förderung der Körperkultur sowie des Schul- und Volkssports sind in der DDR-Verfassung verankert. Wir nehmen regelmäßig an Sportwettkämpfen, den Kinder- und Jugendspartakiaden, teil.

Die meisten von uns gehen zehn Jahre zur Schule. Ab der 5. Klasse steht Russisch auf dem Lehrplan, ab der 7. Klasse kommt ESP – Einführung in die sozialistische Produktion – hinzu. In PA – Produktive Arbeit – bekommen wir Einblicke in die betriebliche Arbeit, vor allem in der Industrie.

Das Schönste an der Schule sind jedoch die Ferien, vor allem die Sommerferien. Sie sind ganze acht Wochen lang! Wir arbeiten als Erntehelfer auf Kartoffel- oder Getreidefeldern und fahren ins kostenlose Pionierlager.

Unsere Jugend

JUGENDWEIHE

Bei unserer Jugendweihe werden wir 1983 unter den Augen unserer Eltern und Verwandten in den Kreis der Erwachsenen aufgenommen. Wir haben uns an diesem großen Tag richtig schick gemacht. Viele von uns waren zum ersten Mal beim Friseur. So haben uns unsere Familienangehörigen noch nie gesehen. Die Mädchen sind geschminkt, tragen Absatzschuhe, Feinstrumpfhosen und Kleider aus dem Exquisit-Laden, die Jungen kommen in Anzug und Krawatte. In der offiziellen Feststunde gibt es Aufführungen, Ansprachen und natürlich das Gelöbnis. Anschließend wird uns feierlich eine Urkunde, Blumen und das Buch *Vom Sinn unseres Lebens* überreicht. Als Vorbereitung auf diesen großen Tag haben wir Jugendstunden geleistet, in denen wir über die Entwicklung des sozialistischen Gesellschaftssystems aufgeklärt wurden. Da wir nun zu den Erwachsenen zählen, siezen uns ab jetzt die Lehrer. Das macht uns natürlich stolz. Nach dem offiziellen Teil lassen wir es uns zu Hause mit unserer Familie bei leckerem Essen und Trinken gut gehen. Es gibt Geschenke von der Familie, aber auch von Bekannten und Nachbarn. Am meisten freuen wir uns über die Briefumschläge mit Geld, von dem wir uns etwas Langersehntes leisten, einen Kassettenrekorder, eine Lederjacke oder sogar ein Mofa. Abends treffen wir uns dann mit den Schulfreunden und feiern ausgelassen.

JUGENDKULTUR

Nach unserer Jugendweihe dürfen wir auch abends ausgehen. In der Zeit, in der wir zum ersten Mal eine Disko betreten, ist die Neue Deutsche Welle auf ihrem Höhepunkt. Als Teenager erleben wir in den 1980ern wilde Jahre. Das unterbewusste Brodeln in der Gesellschaft macht sich in nonkonformistischer Musik Luft. Mit Bands wie Namenlos, Planlos, Unerwünscht, Restbestand, Wutanfall und Schleim-Keim kommt der Punk nach Ostberlin, Leipzig und Erfurt. Mit subversiven, gegen den Staat gerichteten Texten schaffen sich die Musiker und ihre Fans ein Ventil für ihren Frust. Auch wenn Punk ab 1986 auch vom Staatsapparat als Musikrichtung geduldet wird, können viele Konzerte nur im Schutz der evangelischen Kirche stattfinden.

Es ist nicht immer einfach, an unsere Lieblingsmusik heranzukommen. Neue Platten sind immer schnell ausverkauft. So bleibt oft nur das Radioprogramm des Jugendsenders **DT 64**. Freitagabends von 19 bis 20 Uhr nehmen wir während der Sendung »Duett – Musik für den Recorder« neue Hits, manchmal sogar von westlichen Musikern, auf.

Robert Smith von The Cure (1987)

Wer musikalisch interessiert ist und kein Anhänger der DDR-Singebewegung oder der Punkmusik ist, verfällt Anfang der 1980er Jahre mit großer Wahrscheinlicht dem Dark Wave. Joy Division, Bauhaus, The Cure, Sisters of Mercy und allen voran Depeche Mode ziehen uns in ihren Weltschmerz-Bann. Jungs schminken sich plötzlich ihre Augen schwarz und tragen lange Mäntel. Die Haare werden toupiert und mindestens eine Strähne hängt tief ins Gesicht. Daraus entsteht außerdem die Grufti-Bewegung, die Mitte der 1980er Jahre über Berlin in die DDR gelangt. Ostdeutsche Bands wie Die Art, Rosengarten oder Die Vision genießen Kultstatus. Die beliebtesten Musikgruppen sind jedoch Die Puhdys, Karat, City und Silly.

Wir als junge Erwachsene

Die jungen Männer unseres Jahrgangs leisten nach der Schulzeit bei der NVA 18 Monate lang ihren Wehrdienst ab. Wegen des Arbeitskräftemangels in der DDR gilt für Studienbewerber von Fachrichtungen wie Informationstechnik, Elektrotechnik oder Informatik ab 1988 eine verkürzte Dienstzeit im Grundwehrdienst. Teilweise werden Soldaten tagsüber auch in Betrieben beschäftigt oder als sogenannte Bausoldaten eingesetzt. Egal ob 18 Monate oder kürzer – uns prägt diese Zeit und wir schließen hier Freundschaften, die teilweise ein ganzes Leben lang halten.

Wieder zurück im normalen Leben wird entweder eine Ausbildung gemacht oder studiert, geheiratet und eine Familie gegründet. Ein Studium für junge Paare mit Kind ist nicht selten, denn der Staat gibt finanzielle Unterstützung. Auch das gute Betreuungsangebot für den Nachwuchs macht solche Bestrebungen möglich. Wir sind 20 Jahre alt, als die Mauer fällt. Unser Leben gerät aus den Fugen. Zwar bietet uns die Wende ungeahnte Freiheiten, doch müssen wir erst einmal lernen, uns in dem neuen System mit all seinen Möglichkeiten zurechtzufinden.

Wir bereisen die Welt und fühlen uns frei. Wir trampen quer durch Europa, machen mit unseren Freunden Urlaub in Italien oder besuchen unsere Verwandten im Westen. Wir genießen unsere Jugend. Im vereinten Deutschland gründen wir eine Familie und gehen unseren Weg. Doch wir vergessen nie, wo wir groß geworden sind. Unsere Eltern erinnern uns immer daran, dass wir Kinder der DDR sind. Der Sozialismus hat uns geprägt und das aus uns gemacht, was wir heute sind. Die Erfahrungen und Erinnerungen werden uns ein Leben lang begleiten.

Familie mit Kinderwagen und DDR-Flagge auf einer Wiese vor dem Berliner Palast der Republik (1990)

Seiten zum Selbstgestalten

Bildnachweis

BArch Plak 006-030-053: 8 r.; BArch Plak 006-030-084: 9 o.; BArch Bild 183-H0929-0021-001 / Eva Brüggemann: 9 u.; BArch Bild 183-H0414-0016-001: 12 l.; BArch Bild 183-H0612-1001-002 / Hubert Link: 12 r.; BArch Bild 183-H0722-1003-001 / Rainer Mittelstädt: 13 u.; BArch Bild 183-H1205-1001-001 / Hubert Link: 13 o.; BArch N 1648 Bild-KD04876 / Manfred Beier: 18 l.; BArch Plak 100-026-049: 18 r.; BArch N 1648 Bild-RF03266 / Manfred Beier: 21 l.; BArch N 1648 Bild-RF03310 / Manfred Beier: 21 r.; BArch Bild 183-15152-0006 / Gustav Köhler: 31 r.; BArch Bild 183-H1216-1006-003 / Friedrich Gahlbeck: 38; BArch Bild 183-H0113-0013-001 / Wolfgang Thieme: 39; BArch Bild 183-H0419-0019-001 / Heinz Koch: 41 o.; BArch Bild 183-H0603-1002-001 / Heinz Koch: 41 u.; BArch Bild 183-H1205-1001-002 / Hubert Link: 42; BArch Bild 183-K0618-0010-008 / Hubert Link: 44 r.; BArch Bild 183-N0415-405 / Klaus Franke: 45 l.; BArch Bild 183-N0606-446 / Klaus Franke: 47 o.; BArch Bild 183-W0114-0022 / Ulrich Hässler: 49 u.; BArch Plak 102-039-005: 50 r.; BArch Bild 183-K1029-414 / Benno Bartocha: 52 r.; BArch Bild 183-H0314-0015-001 / Helmut Schaar: 54 l. u.; BArch Bild 183-K0826-420 / Waltraud Grubitzsch: 55; BArch Bild 183-L0807-405 / Hartmut Reiche: 56; BArch Bild 183-1982-0328-003 / Hubert Link: 57; BArch Bild 183-1989-1005-300 / Jan Peter Kasper: 59 l. picture alliance / Archiv Berliner Verlag: 4, 19, 20 o.; picture alliance / ddrbildarchiv.de / Manfred Uhlenhut: 6, 28 l.; picture alliance / akg-images: 8 l., 17 l., 23 l.; picture alliance / ZB / Ulrich Hässler: 10, 14, 23 r.; picture alliance / dpa / Daniel Fouray: 15 l.; dpa / empics / Tim Ockenden: 15 r. u.; picture alliance Photoshot: 15 r. o., 35 l. o.; picture alliance / Reuters / Mark Kauzlarich: 16 l.; picture alliance / dpa: 16 r., 30 r., 47 u.; picture alliance / AP Photo: 17 r., 29 l., 49 o.; picture alliance / ZB / Jens Kalaene: 20 u.; picture alliance / Berliner Kurier / Friedel Bernd: 22 l. o., 53 l.; picture alliance / dpa / Reiss: 22 l.; picture alliance / ZB / Klaus Winkler: 24, 46 r.; picture alliance / dpa / Chris Hoffmann: 26 l.; picture alliance / ASSOCIATED PRESS: 26 r.; picture alliance / ZB / Manfred Uhlenhut: 28 r.; picture alliance / Scanpix Denmark / Henning Thempler: 29 r.; picture alliance / dpa / Columbia Tristar: 30 l.; picture alliance / dpa / Tim Brakemeier: 31 l.; picture alliance / dpa / Heinz Unger: 32; picture alliance / radio tele nord / Patrick Becher: 34 l.; picture alliance / PictureLux / Izumi Hasegawa: 34 r.; picture alliance / Sammy Minkoff: 35 l. u.; picture alliance / dpa / Henning Kaiser: 35 r.; picture alliance / ZB / Thomas Schulze: 36 l.; picture alliance / Frank Kleefeldt: 36 r.; picture alliance / dpa / UPI: 37 l.; picture alliance / dpa / Ehlers: 37 r.; picture alliance / ZB / Jürgen Sindermann: 40 l.; picture alliance / dpa / Manfred Rehm: 40 r.; picture alliance / ZB / Ernst-Ludwig Bach: 44 l.; picture alliance / ZB / Waltraud Grubitzsch: 45 r.; picture alliance / dpa / Günter Bratke: 46 l., 50 l.; picture alliance / dpa / Wilhelm Bertram: 48 r.; picture alliance / dpa / DB Städele: 51; picture alliance / dpa / Monika Skolimowska: 52 l.; picture alliance / dpa / DB WDR / Degeto: 53 r.; picture alliance / ZB / Günter Höhne: 54 l. o.; picture alliance / ZB / Sören Stache: 54 r.; picture alliance / ZB / Christian Brachwitz: 56 l.; picture alliance / Fryderyk Gabowicz: 58 r.; picture alliance / Ulrich Baumgarten: 59 r. Verlag Bild und Heimat: 22 r., 48 l.

Es war leider nicht in allen Fällen möglich, die Rechteinhaber zu ermitteln.
Berechtigte Ansprüche bleiben gewahrt.

ISBN 978-3-95958-169-1

1. Auflage

Text- und Bildredaktion: Christine Szyska
Umschlaggestaltung: Buchgut, Berlin
unter Verwendung je eines Motivs von picture alliance / ZB / Archiv Berliner Verlag (Vordergrund) und picture alliance / dpa-ZB / Erich Schutt (Hintergrund)
Innengestaltung: fuxbux, Berlin
Druck und Bindung: Graspo CZ

SUPERillu

In Kooperation mit der SUPERillu
www.superillu-shop.de